Créez

votre

Restaurant

par Jean Nouaille-Degorce
* Chef Cuisiner *

INDEX

- Présentation..5
- Pourquoi créer un restaurant ?............................7
- Les démarches pour la création de votre restaurant..10
- Quelle type de cuisine, quel nom, quelle déco ? 17
- Établir son financement....................................22
- Recrutement et personnels...............................28
- Vie et autonomie de votre entreprise.................34
- Tendances de consommations..........................38
- Conclusion..42
- Annexe..44

« En général, on parvient aux affaires par ce qu'on a de médiocre, et l'on y reste par ce que l'on a de supérieur »
<u>Chateaubriand, François René de</u>

© 2011, Nouaille-Degorce
Edition : Books on Demand
12/14 rond-point des Champs Elysées
75008 Paris
Imprimé par Books on Demand, Norderstedt, Allemagne
ISBN : 9782810621330
Dépôt légal : novembre 2010

Présentation

Pourquoi écrire ce livre ? Beaucoup de personnes désirent entreprendre un projet, et tel un enfant, le regarder évoluer jusqu'à son aboutissement. Le souci est que l'enthousiasme généré est bien souvent contre productif. Nous voyons les choses sous le bon angle, on s'arrange avec les chiffres de façons à augmenter la crédibilité du projet, nous ne sommes pas objectif.

J'ai souhaité informer le plus grand nombre de personne possible afin de ne pas reproduire des erreurs que l'on fait tous par inexpériences et par manque d'appui extérieur qui soient neutres. Après avoir eu deux restaurants, je me suis rendu compte chemin faisant des erreurs faites, et du manque d'informations concrètes concernant la création d'une entreprise et plus spécifiquement d'un restaurant.Aussi, les éléments de ce livre sont le fruit de mon expérience de patron, de créateur, de Chef cuisinier mais aussi le fruit mon expérience en comptabilité-gestion. L'ensemble que je vous propose est un guide théorique et pratique pour mener à bien votre projet en prenant les choses dans l'ordre, avec rigueur.

Pour votre projet, ne vous mentez pas, ne soyez pas rêveurs. Si vous êtes décidé à prendre les choses du bon pied, bonne réussite à vous !

Jean Nouaille-Degorce

« La réussite d'une production repose sur l'attention prêtée aux détails »
<u>David O. Selznick</u>

Pourquoi créer un restaurant ?

Tout d'abord il convient de se poser une question simple : qu'est-ce qu'un restaurant ? Le mot restaurant provient du verbe **restaurer** qui signifie au XIIe siècle « *remettre en état* », « *remettre debout* ».

Dès le début du XVIe siècle, le terme de « **restaurant** », revêt une acception alimentaire pour désigner un « *aliment reconstituant* ». Au milieu du XVIIe siècle le terme désigne plus spécifiquement un « *bouillon reconstituant fait de jus de viande concentré* » puis, à partir du milieu du XVIIIe siècle, le lieu qui en assure la vente. (source wikipédia)

Aujourd'hui un restaurant est un lieu où l'on se sent parfois privilégié, souvent bien accueilli, et surtout un lieu de bonnes compagnies. On sort avec des personnes que nous apprécions ou des contacts d'affaires, en tout cas cela reste un lieu nécessaire pour se poser. Le plaisir d'être servi, la sensation agréable d'être l'objet de toutes les attentions, le respect et la distance, cela forme un cocon dans lequel chacun s'épanouit. Malgré la baisse du pouvoir d'achat, le restaurant reste un lieu que chacun de nous cherche à fréquenter.

Il faut également tenir compte de la responsabilité de la restauration dans la société. Le seul endroit convivial, agréable, rassasiant, dont les français ne feront pas sacrifice, c'est le restaurant. Le fait de créer un restaurant vous fait partir avec un avantage certains sur quelqu'un qui voudrait vendre des produits moins indispensables à la société.

Mais ce n'est pas tout de vouloir monter son restaurant. Il n'est pas forcément nécessaire d'être un cuisinier chevronné. Nous reviendrons sur cette partie plus loin. Le principal est d'être un homme ou une femme d'affaires avertie. En effet, rien de pire que de se lancer dans un business sans base réelle de comptabilité, de gestion, de management.

Il est assez simple de gérer un restaurant lorsque ces bases sont acquises. Bref, un restaurant sera toujours recherché par la clientèle et si vous gérez un minimum, vous êtes assuré de vous en sortir. Le bon plan, non ?

Les démarches pour la création de votre restaurant

Le plus important est d'établir vos actions de façons logiques et pragmatiques.

Nous allons maintenant effectuer par ordre chronologique les différentes étapes que constitueront la création de votre restaurant.

1- Le fond de commerce ou local commercial. Il est impératif de faire le distinguo entre les deux.

° Le fonds de commerce est un bien mobilier incorporel. On peut le considérer comme une universalité de fait, c'est-à-dire un bilan qui enveloppe un ensemble d'éléments mobiliers qui sont eux-mêmes corporels ou incorporels. Il comprend l'ensemble des éléments affectés par un commerçant à une exploitation en vue de satisfaire une clientèle. Lorsque vous achetez un fond de commerce, il faut étudier de près le bilan comptable de cette société afin de juger si le montant réclamer pour la vente du fond de commerce est justifiée ou non. Si vous ne pensez pas être en capacité d'analyser un bilan, faites appel au service d'un expert comptable, voir d'un commissaire au compte. Si l'on se rate à l'achat d'un fond de commerce, vous êtes quasiment condamné d'avance à l'échec.

Par contre, dans le cas ou l'achat est une bonne affaire, la réussite vous tend les bras. Vous récupérez de la clientèle, très peu de publicité est nécessaire pour vous développer car l'enseigne est déjà reconnue.

° Le local commercial. Il s'agit d'un contrat de bail commercial classique. La norme en la matière est de 3-6-9 ans. Cela veut dire que vous pouvez résilier le bail à terme tous les trois ans. Il s'agit donc d'une location. Si vous prenez un local commercial, il vous faut faire une étude de marché sur votre zone de chalandise afin de définir par bilan prévisionnel votre seuil de rentabilité (SR). Si votre SR est irréalisable (en gros, si vous avez besoin de vendre pour 1000 € par jour alors que votre étude de marché ne vous donne que 500 € par jour, votre SR n'est pas possible à atteindre)il vous faut voir ailleurs ou revoir votre grille produits afin de les adapter à la demande et ainsi de pouvoir augmenter vos ventes.

Une fois que vous avez trouvé le lieu de votre réussite, établissez un prévisionnel.

2 – votre prévisionnel sur 3 mois, 6 mois, 1 an, 3 ans. Le prévisionnel est la clef de voute de votre réussite. Il doit être fait avec le plus grand soin pour être le plus réaliste possible. Grâce au prévisionnel, vous serez capable de calculer le montant de vos investissement, le montant à mettre en capital, les montants et durées des amortissements, calculer vos besoins en personnels, connaître les ratios qui vous feront amélioré la rentabilité de votre société. Si vous n'êtes pas capable de faire ceci dans les règles de l'art, deux solutions. Prenez des cours de comptabilité rapidement, ou faites confiance à un professionnel (expert comptable ou organisme de gestion).

N'oubliez pas que si vous compter faire une demande de financement dans une banque, le critère numéro un est votre bilan prévisionnel. Il met en valeur vos compétences de gestionnaire avant celles de restaurateur. C'est la confiance en votre gestion qui vous ouvrira les banques, pas vos connaissances en cuisines sauf si vous avez des étoiles au Michelin...

3 – Maintenant que vous avez votre lieu d'activité et que vous avez une vue réelle sur votre projet, il faut passer au coté administratif. Hé oui !! il fallait bien que cela arrive !

Sachez que l'aspect numéro un du commerce et plus particulièrement dans la restauration, ce sont le respect des normes. Hygiène, sécurité, travail,... Le non respect de l'une de ces normes peut vous créer des ennuis considérables voir dans certains cas graves, la fermeture de votre établissement.

Hygiène : depuis quelques mois, une nouvelle réglementation impose, à quiconque reprend ou crée un restaurant, de suivre une formation HACCP. Vous pouvez vous renseignez de façon précise auprès de l'UMIH. Il existe une antenne dans chaque département. De plus il est à rappeler que vous ne pouvez créer ou reprendre un restaurant que si vous justifiez de 5 ans d'expérience ou d'un diplôme. Si ce n'est pas le cas, une dernière option s'offre à vous.

Prenez un gérant qui justifie des 5 ans ou d'un diplôme. Ainsi, vous contournez le problème. Faites vous conseiller par un avocat ou un expert comptable de façon à ne donner que le strict minimum de pouvoir au gérant. C'est vous le patron.

De plus votre chef cuisinier doit avoir eu une formation HACCP au cours de son parcours professionnel. Si ce n'est pas le cas, vous êtes dans l'obligation de l'envoyer suivre cette formation. Son coût est situé autour des 800 €.

En tous cas, il vous faudra l'accord des services vétérinaires pour avoir l'autorisation de débuter votre activité.

Sécurité : pour ouvrir votre restaurant vous devez également avoir l'accord des pompiers. Il faut pour cela respecter le affichages obligatoires sur la sécurité incendie, avoir l'équipement adapté pour l'indication des sorties de secours, disposer de « coup de poing » d'urgence, détecteur de fumée.

En ce qui concerne les accords des pompiers et des services vétérinaires, je vous conseille de faire des plans détaillés et de remettre ces documents aux services concernés avant d'engager des travaux. Cela vous permettra de ne pas faire et défaire, donc d'économiser du temps et de l'argent.

Travail : le respect des conventions collectives est impératif. La tentation est grande de faire les choses à sa façon mais cela vous nuira. Le fait de suivre à la lettre les convections collectives vous assure l'impossibilité de perdre au Prud'homme car il s'agit d'un contrat officiel liant l'État au restaurateur.

Par contre, évitez l'emploi de gens non déclaré car le risque est aujourd'hui considérable. De plus, il existe une pléiade de contrats aidés qui devront vous convenir. La légalité vous rendra moins stressé et plus attentif à la gestion de votre entreprise. Je vous conseille de prendre contact avec Pôle Emploi pour vous renseigner sur les contrats, et lisez les conventions collectives restaurations pour être sur de ne pas commettre d'erreur.

4 – Inscription RCS : vous êtes fin prêt,

le local, le financement, mise au normes du lieu, prêt à démarrer, il ne vous reste plus qu'à vous enregistrer à la Cambre des Métiers ou à la Chambre de Commerce. E conseille plutôt la Chambre des Métiers car la restauration relève plus de l'artisanat. Vous recevrez un numéro SIRET, SIREN, RCS de votre ville. Avec votre numéro RCS, vous pourrez ouvrir des comptes chez les grossistes professionnels tels que METRO, PROMOCASH, RETIF.

5 – Lancement : il vous faut maintenant préparer votre ouverture. Prenez un jour qui vous permettra de remplir votre restaurant à l'inauguration. Communiquez sur des vecteurs locaux : radio, presse, tv. N'hésitez pas à faire distribuer des flyers sachant que les études ont démontrées que le retour est de 3 à 5 pour 1000.

Ça y est ! Vous avez votre restaurant...

Après avoir vu l'ensemble des points fondamentaux du point de départ jusqu'à l'aboutissement, il faut, parallèlement au phase 4 et 5, établir son menu, son nom d'enseigne, son design, bref donner une âme au projet.

Quelle type de cuisine, quel nom, quelle déco ?

Peut-être avez vous déjà en tête la cuisine que vous aller faire. Si c'est le cas, vous pouvez appliquer ce qui suit, non pas pour définir votre projet mais pour vérifier sa faisabilité.

Pour définir le type de cuisine, il y a deux impératif. Le premier, faites un tour sur votre secteur et scruter la concurrence. Il ne faut pas rajouter un restaurant chinois s'il y en à trois ou une sandwicherie s'il y en a deux. Soyez innovant. On a tendance à se dire « tient s'il y trois pizzéria, c'est que ça a marche ici. On va faire pareil. »Erreur fatale ! Vous allez vous répartir les clients. Le potentiel d'accroissement du chiffre d'affaire sera quasi nul. En revanche, si vous êtes le seul à vendre un produits, disons spécialité crêpes bretonnes, les débuts seront poussif car il faudra un certain temps pour se faire connaître, mais le potentiel sera immense. Les risques sont limités.

Le deuxième impératif est de faire quelque chose dans lequel vous vous sentez bien. Ne pas se forcer est essentiel car un jour vous craquerez. Faire ce que l'on aime dans un lieu adapté, tout en minimisant les risques, telle doit être votre quête.

Une fois que vous avez ciblé un type de cuisine, établissez la carte, le menu. Il doit être facile à lire, un peu coloré mais pas trop. Surtout ne pas proposer une ribambelle de plats car il sera évident que ce n'est pas de la cuisine fraîche. Privilégiez un choix restreint mais de bonne qualité, ce qui vous permettra de fixer des tarifs importants et donc de pouvoir atteindre votre SR rapidement. En gros, voici comment calculer les tarifs de ventes :

boissons : px de base X 4

vins : px de base X 5

alimentaire : px X 3,5

Cela peut paraître un coefficient élevé mais voici l'explication. Il faut considéré qu'un tiers du chiffre d'affaire est alloué au charges fixes (loyer, EDF,...), un deuxième tiers pour l'achat des marchandises et matières premières et le troisième tiers doit permettre le règlement des charges patronales et des salaires. C'est donc au moment où l'on fait son prévisionnel que l'on sait le montant à atteindre du panier par personne. Ce qui ramène au tarif du menu. Tous les éléments doivent s'emboiter pour n'en former qu'un.

Le menu est là, mais quel nom pour le restaurant ? C'est une affaire personnelle. Le seul conseil que je puisse vous donner est de vérifier que personne n'ait le nom que vous voulez donner à votre restaurant. Il est interdit de reprendre un nom commercial même si c'est involontaire. En tous cas, prenez un nom simple, facilement identifiable avec un logo marquant.

Pour la déco, l'aménagement d'intérieur, vous avez là encore deux possibilités. L'instinct ou un décorateur d'intérieur professionnel.

A l'instinct, certain d'entre nous ne sont pas mauvais. Cependant je vous conseille les services d'un femme si vous êtes un homme, voir de votre épouse. En effet, les hommes (j'en suis un) sont très pragmatiques et voient le côté utile des choses. La gente féminine est plus à l'aise avec les accords de couleur, un aménagement efficace. Prenez garde à ne pas surcharger, soyer soft, voir dans un esprit lounge. Ne vous sentez pas obliger de faire une déco tournée à 100 % sur le type de cuisine proposé. L'essentiel est que le client se sente bien, pas comme chez lui car il faut un lieu qui manque quand on le quitte. Par contre soignez le service, n'hésitez pas à créer des amitiés car la fidélité est l'axe premier.

« Faire du commerce sans publicité, c'est comme faire de l'œil à une femme dans l'obscurité. Vous savez ce que vous faites mais personne d'autre ne le sait. »

Steuart Britt

Établir son financement

Comme nous l'avons vu précédemment, la base est de constitué un dossier prévisionnel. La méthode est simple.

En premier lieu, si vous ne maîtrisé pas les outils comptable, il vous reste le papier et le stylo. Vous notifiez sur une page les charges fixes. Sur une autre page, vous définissez l'ensemble des investissements mobiliers et immobiliers. Faites le total...et voilà ! Vous connaissez le montant minimum de votre besoin en financement. Vous rajoutez quelques milliers d'euros de trésorerie pour faire face aux dépenses imprévues et pour pouvoir créer un roulement dès que l'argent rentrera dans la caisse.

Pour aller devant votre banquier, ceci n'est pas suffisant. Il vous faut savoir à quel type d'emplacement correspond votre local. La classification se fait de 1 à 3. En classe 1, c'est l'idéal. Un volume important de clientèle disponible, des possibilités de croissance intéressante. Vous comprenez qu'en descendant à la zone 3, il faut vraiment être convainquant car la situation ne semble pas en adéquation avec votre projet.

Maintenant passons au chiffre d'affaire prévisionnel. Vous devez, c'est impératif, théoriser le nombre de couvert nécessaire pour rendre viable la société. Pour cela, il vous faut évaluer le montant du panier client. En restauration traditionnelle, il se situe entre 15 et 20 €. Prenez vos charges fixes plus les salaires et rajoutez un tiers du montant total ce qui correspond à l'achat des matières premières proportionnellement au chiffre d'affaire. Vous divisez ce montant par le montant du panier moyen par client. Vous avez sous vos yeux le nombre de couverts à établir dans le mois. Tenez compte de vos jours de fermeture et divisé ce montant par le nombre de jour ouvert. Vous avez maintenant le nombre de couverts à faire journalièrement.

Réalisable ou pas ?

C'est à vous de voir. Prenez en compte tous les paramètres. A savoir : le nombre de couverts possible en salle, le nombre de salariés, votre vie personnelle.

Si cela vous paraît faisable, lancez-vous. Si c'est ça passe juste, voyez s'il ne vous est pas possible de diminuer certaines charges ou si vous avez la possibilité d'augmenter certains tarifs afin d'augmenter le panier moyen par client. Enfin, si cela vous paraît irréalisable, n'insistez pas. Cherchez ailleurs, vous trouverez.

Pour en revenir au financement, il y a deux méthodes qui sont le plus généralement utilisées. Nous laissons de coté les cas particuliers pour nous concentrer sur l'essentiel.

La première méthode est l'autofinancement. La meilleure. En effet, ce financer sois-même ne coûte rien et ne pèse pas sur l'entreprise. Il est évident qu'un prêt à rembourser tous les mois revient à un loyer supplémentaire dont il faut tenir compte dans le prévisionnel. La santé de l'entreprise aux yeux de la banque est évidente, si bien qu'il sera possible, dans le futur, d'emprunter sans crainte pour le banquier. Dans ce cadre de l'autofinancement le prévisionnel doit être aussi bien préparé car il ne faut pas se louper au risque de perdre toutes ses économies, voir de s'endetter par la suite pour combler les déficits.

L'autre méthode est un financement par prêt bancaire. Il vous faut avoir le moral. Une banque dira oui puis non, d'autres refuseront directement et vous aurez la chance, en persévérant, d'entendre un oui, timide, mais oui quand même. Pour cela, pas de secret. Mettez en avant votre prévisionnel, fait avec sérieux et soyez à même de l'expliquer. Si c'est votre comptable ou un ami qui l'a fait, ce n'est pas grave. Mais il faut à tout prix que vous sachiez le présenter. Le prévisionnel n'est pas tout. Mettez en avant les qualités de votre local, prenez des photos, ou mieux encore, faites venir votre contact bancaire dans votre local. Ce n'est rien, mais pour lui c'est rendre concret ce qui ne l'est pas. Il aura plus envie de vous écouter et vous prendra plus au sérieux.

Le « must », si vous avez de l'expérience dans le domaine. Jetez vous corps et âme, montrez à quel point vous êtes investis de votre métier, la flamme qui vous anime.

Essayez toujours de vous présenter avec un apport, même minime qui rassurera le banquier. En effet, cela voudra dire que vous travaillez sur ce projet depuis un moment, que vous avez mis de l'argent de côté à cet effet et que vous êtes donc investi pour la réussite de votre projet.

Si une banque vous demande de faire un nantissement (gager la maison, la voiture) pour assurer votre crédit, refusez ! On ne sait jamais ce qui arrive dans la vie. Des évènements douloureux sont la cause de bien des faillites et il serait dommageable de perdre son travail et un bien propre en même temps. Cela risquerait de vous mettre la tête sous l'eau.

Recrutement et personnels

A moins que vous ne désiriez créer une structure d'une toute petite taille, ce qui rend possible de tout faire sois-même jusqu'à un certains point, vous devrez recruter.

Pour quels postes, pour qu'elles nombres d'heures, combien de personnel en tout ? Sans parler de la gestion du planning !

Soyons pragmatique. Comment évaluer le nombre de personnes à embaucher pour la partie cuisine et combien pour la partie salle.

Pour la cuisine, est-ce vous qui serait derrière les fourneaux ? Si c'est oui, cela veut dire qu'il y a des choses que vous ne pourrait pas faire en même temps, par exemple tenir la caisse. En tout cas, considérez qu'il vous faut un Chef de cuisine, même s'il officie en second lorsque vous êtes en cuisine. Cela vous permettra d'aller voir les gens en salle (ils parlent plus facilement au patron qu'au personnel), d'être tranquille dans votre esprit si vous devez ne pas être présent à certains services, pour des raisons qui vous sont propres ou pour des motifs professionnels, tels que le démarchage clients, une négociation avec un fournisseur,...

Après, il faut compter une personne en cuisine pour 25 couverts. Il est possible d'assurer plus de couverts par personne mais cela engendre un travail avec des horaires difficiles à tenir sur le moyen ou le long terme. De plus la motivation diminuera petit à petit car il n'y a plus de vie sociale ou familiale possible. C'est un choix ! Privilégiez le bien-être de vos employés, surtout en cuisine, n'hésitez pas à prendre un employé supplémentaire pour soulager un trop plein de travail. Vos salarié, par leur motivation, assureront un travail de bonne qualité qui satisfera vos clients et pourrait ainsi augmenter votre chiffre d'affaire.

Pour la salle, il faut une personne dont le rôle spécifique est le tenue du bar. Il est précieux de laisser à ce poste la même personne car cela permet une symbiose entre les serveurs en salle et leur barman. Pour une cohésion parfaite en salle, il faut que tout deviennent un réflexe. C'est un gain de temps et d'efficacité et c'est une attitude professionnelle très apprécié par les clients.

Comment recruter ses serveurs. Un premier conseil qui ne sera pas apprécié par tous mais qui est bien réel, réfléchissez à deux fois avant de prendre une femme. Ce n'est pas du sexisme, ni de la discrimination et je vous explique pourquoi ce choix. En premier lieu, si une femme est au bar, vous aurez toutes les peines du monde à expliquer à certains de ces messieurs, qu'il faut la laisser tranquille faire son travail. Ensuite, une femme avec des enfants risque de vous planter un jour parce que le petit est malade, l'école à appelée, que sais-je encore. Si c'est une femme célibataire, elle peut prendre un malin plaisir à draguer les clients, ce qui n'est pas toujours du meilleur effet. Bref, je sais que ce n'ai pas très flatteur, mais je ne pouvais passer sous silence les effets positifs qu'apportent la présence d'une femme au service. Dans le cadre d'une femme professionnelle et ayant du caractère vus pouvez vous dire ceci.

Un homme qui va l'accoster au bar, elle va chercher à le faire consommer tout en conservant ses limites. En salle, elle va charmer les clients, tout en restant distante, ce qui pourra fidéliser de la clientèle. Enfin, une femme dans une équipe, ça vous met une ambiance sympa, parfois familiale et peut donc être un liant pour votre équipe

Vous aurez compris qu'il vaut mieux ne pas se tromper lorsque l'on engage une de ses dames. Cependant, je vous recommande aussi de faire attention au recrutement masculin et de ne pas vous fier à la bonne ou mauvaise tête qui se trouve en face de vous. La meilleure façon de recruter est de faire passer une journée d'essai. C'est très important pour vous, comme pour le futur salarié qui peut ne pas se montrer à la hauteur ou bien ne pas se sentir bien chez vous.

La base d'un bon partenariat avec vos salariés est la définition claire des tâches de chacun. Rien n'est pire que d'entendre « c'était à toi de la faire » « moi, le patron m'a rien dit ». Il vous faut, pour chaque employé, détaillé le travail sur lequel il devra se concentrer. Pour cela, faites préalablement un tableau avec le nombre de salariés, leur poste, et partager les tâches entre eux. De cette manière, si un souci se pose dans un domaine précis, vous saurez vers qui vous devrez chercher. De plus, si vous devez vous séparer de l'un d'eux, cela ne perturbera pas l'action du reste du personnel et vous permettra de définir avec précision les tâches qui incomberont à votre nouveau salarié.

Ne cherchez pas à fusionner votre équipe, veillez à ce que vos éléments soient complémentaires.

Les contrats

Prenez connaissance des différents types de contrats que vous êtes en mesure de proposer. Je ne vous ferais pas de liste car les modalités changent régulièrement. Je vous conseille le site internet du ministère du travail ou encore de vous renseignez auprès de l'agence pôle-emploi.

Le meilleur contrat à proposer est le CDI. Pourquoi ? D'abord, d'un point de vue salarié, c'est la plus grande source de motivation que d'avoir un CDI, tel un sésame. En tant que patron, le CDI est aussi un avantage. Il vous permet une période d'essai allant jusqu'à deux mois, renouvelable une fois. Cela vous permet pendant quatre mois de pouvoir tester votre personnel et de procéder à un licenciement sans indemnité et sans justificatif durant cette période. Bref, vous ne trouverez cette flexibilité avec aucun autre type de contrat de travail. Les salariés qui se sont accrochés et ont passés cette période d'essai sont assurément les meilleurs éléments. Les autres auront démissionné.

Vie et autonomie de votre entreprise

Maintenant votre entreprise est sur les rails. Si vous le voulez et si vous le pouvez, prenez petit à petit des distances.

De quelle façon ? Tout d'abord, depuis la création de votre entreprise, vous vous êtes investis à fond : la publicité, la comptabilité, les stocks, etc. Dès lors que les affaires commencent à marcher, prenez du recul. Délégué est le maître mot. Cela doit se faire par étapes de sorte que le bon fonctionnement de l'entreprise ne soit en rien perturbé.

En premier lieu, c'est au chef cuisinier, ou au second de cuisine si c'est vous le chef, de gérer les stocks alimentaires. Pour ce faire, au début vous lui demandé de contrôler les denrées, vérifier les emballages, les dates, en fait de mettre en place les normes HACCP. Ensuite, vous l'amené doucement au contrôle des stocks, puis vous lui en donner la charge totale. Votre rôle consistera à vérifier les commandes pour éviter les abus et les erreurs. Ces différentes étapes doivent se dérouler sur environ 3 mois. Une fois que cela sera devenu une habitude, contrôler les commandes et les stocks deux fois par mois, de façon intuitive. Ainsi, le responsable se saura surveillé mais pas harcelé et vous dégagerez du temps pour vos affaires.

Pour l'aspect comptable, prenez un expert-comptable, pas un comptable. La raison est simple. Un cabinet d'expert-comptable propose une assistance juridique dont vous pourriez avoir besoin et, en plus, vous êtes dans l'obligation de faire viser les comptes annuels par un expert-comptable. Il s'agit donc d'optimiser vos dépenses.

Enfin, soyez présent régulièrement en salle de façon à être à l'écoute de la clientèle car vos serveurs ne vous remontrons pas toutes les informations surtout si elles peuvent leur être préjudiciables.

Votre rôle doit être le démarchage client, mettre en place des actions publicitaires périodiques, aller voir la concurrence pour ne pas s'endormir sur ses lauriers.

Un commerce peut réellement être rentable

s'en qu'il n'y est besoin d'un patron omniscient. Vous pouvez même équiper votre restaurant de caméras (avec accord des salariés) si cela peut vous permettre d'effectuer davantage de missions à l'extérieur.

Mettez en place des évènements ponctuels de façon à dynamiser votre entreprise. Essayez des animations musicales en accord avec votre thème gastronomique, fêtez l'anniversaire de votre restaurant, il y a beaucoup d'idées possibles. Par contre, comme tout ce qui est bien, n'en abusé pas non plus. Pas un événement tous les quinze jours, cela ne sert à rien. Votre but est d'attraper de nouveaux clients et ils ne viendront que pour quelque chose d'exceptionnel. La rareté donne plus de valeur que l'abondance.

Votre restaurant est devenu quasi autonome, vous êtes à l'aise dans vos démarches extérieures et vos salariés ont des responsabilités propres. L'idéal pour la réussite.

Tendances de consommations

Aujourd'hui, l'ensemble des restaurateurs essai proposer des plats simplifiés, avec un retour au naturel réel. Il n'est plus nécessaire de créer des plats avec pour but de charger les assiettes ou d'étaler un grand nombre de saveurs. Ayez, vous ou votre chef de cuisine, une bonne technique de façon à revisiter des plats connus voire très courant.

Un exemple : la tomate mozzarella. C'est une entrée mais elle peut être servie chaude. Vous pouvez la présenter en mille-feuille, étalée sur l'assiette avec de gros ou petit morceaux, vous pouvez l'assaisonner en vinaigre balsamique, à l'huile d'olives, pourquoi pas des copeaux de Parmesan. Bref, mille et une façon de présenter un même plat. Soyez originaux mais ne perdez pas de vu le plat d'origine car en cas contraire, le client appréciera difficilement votre effort. Allez voir la concurrence, prenez les bonnes idées, sans faire de plagia pour autant. Enfin, profitez de l'extraordinaire richesse d'Internet que ce soit pour des recettes, pour des tarifs, soyez curieux !

En cuisine, travaillez le plus possible avec des produits frais. Leur qualité vous permettra de les travailler tout en laissant les produits exprimer leur vrai nature.

Pour les viandes, préférez la viande française aux autres car les clients vous attendrons au tournant. Pour les poissons, mis à part les filets de rougets et les seiches, ne prenez que du frais. Respectez les règles de conservation et vous limiterez les pertes. Le saumon surgelé est souvent utilisé mais sa cuisson s'en ressent. Bien cuit autour et à peine dedans. La meilleure façon de goûter un poisson est saignante mais trop peu de gens y sont habitués. Demandé au client quelle cuisson il souhaite, comme pour les viandes. Cette question induira que vos poissons sont réellement frais, c'est un plus pour votre image.

Les cuissons. Pour les viandes, il faut un grill, gaz de préférence. Jouez de la position sur le grill par rapport au type de cuisson. La chaleur n'ai pas tout à fait équivalente sur l'ensemble du grill. Ne mettez pas un morceaux demandé comme rosé sur l'endroit le plus chaud. Il sera surement trop grillé.

Pour les poissons, vive la plancha. Il n'y a pas mieux. Ne pas commettre l'erreur de mettre la plancha à trop forte puissance. Il faut une chaleur douce et diffuse pour une cuisson optimale. N'hésitez pas à suivre une journée de formation, cela peut vous éviter de perdre des mois avant de comprendre certaines astuces.

Les salades doivent être composées. Il faut mélanger les types de salades de façon à avoir différentes couleurs, différentes textures. Les vinaigrettes, faites les vous-mêmes. C'est tentant d'acheter des seaux de vinaigrettes prêtent à l'emploi mais le goût et la texture rappelleront au client ce qu'il achète en grande surface. Démarquez vous pour pas cher !

Ne prenez pas forcement des produits BIO. Ils sont chers, et pas forcement mieux que des produits haut de gamme non BIO. Avec une bonne côte de bœuf charolaise, on est mieux placé qu'avec une côte de bœuf BIO du Brésil. Mettez le prix correspondant à la qualité des mets proposés. Vos clients comprendront.

Jouez sur la décoration des assiettes avec les couleurs, des assiettes originales, des petits plus maisons tels que des bâtons de caramel, des nappages de légumes,…Les sensations ! Ce sont elles qui feront votre réputation. Un bon pain (très important), des plats maisons, des couleurs, des textures, et un bon service. La clé de la réussite !

« Quelle réussite ! Si avant la fin de sa vie on ressemble, même de loin, à ce que l'on a toujours voulu être. »

<u>Marcel Jouhandeau</u>

Conclusion

Faites vos démarches : études de marché, prévisionnel,...Après, vous avez toutes les possibilités à votre disposition. Surtout, soyez objectif et pas idéaliste.

Ayez confiance en vous, allez voir des restaurants, étudiez, analysez, agissez.

Votre personnalité est un atout, mettez là en avant et jouez-en. Votre équipe, votre service, votre qualité et vos tarifs, c'est l'essentiel...Croyez en votre projet et vous serez convaincant lors de vos démarches.

Bonne réussite à vous !

Annexe

- I. OBTENTION D'UNE LICENSE POUR POUVOIR PROPOSER DES BOISSONS

- II. RESPECT DES NORMES DE SÉCURITÉ RELATIVES AUX LOCAUX

- III. RESPECT DES RÈGLES D'HYGIÈNE ET DE SALUBRITE

- IV. RESPECT DES HORAIRES D'OUVERTURE

- V. INFORMATION DUE AU CONSOMMATEUR

- VI. RESPECT DE L'INTERDICTION DE FUMER

- VII. REGLES A RESPECTER EN CAS D'ANIMATION MUSICALE

I. OBTENTION D'UNE LICENCE POUR POUVOIR PROPOSER DES BOISSONS

L'exploitant d'un restaurant doit être titulaire d'une licence :soit de débit de boissons à consommer sur place s'il souhaite vendre des boissons en dehors de tout repas (voir la fiche <u>Formalités d'ouverture d'un débit de boissons permanent</u>) ;

> soit de "restaurant" s'il souhaite vendre des boissons uniquement comme accessoires des principaux repas. Il existe deux licences de restaurant :
>
> - la "petite licence restaurant" qui permet de servir, pour consommer sur place, des boissons du 1er groupe (boissons sans alcool) et du 2ème groupe (boissons fermentées non distillées) ;
>
> - la "grande licence restaurant" qui permet de servir, pour consommer sur place, l'ensemble des boissons des quatre groupes.
>
> Ces deux licences sont délivrées, dans la cadre d'une déclaration fiscale, par les recettes buralistes ou le bureau des douanes. Elles ne font plus l'objet ni d'un droit de licence, ni d'une taxe spéciale.

Une déclaration administrative doit, par ailleurs, être effectuée dans un délai de quinze jours avant l'ouverture du restaurant auprès de la Préfecture de police pour Paris, à la mairie pour les autres communes pour l'exploitation des licences III et IV. Pour les autres licences, cette déclaration s'effectue auprès de la recette locale des douanes.

II. RESPECT DES NORMES DE SÉCURITÉ RELATIVES AUX LOCAUX

L'exploitant doit s'assurer que son établissement est conforme aux normes de sécurité applicables pour les établissements recevant du public (ERP).

En matière de restauration, ces normes concernent notamment : les appareils de cuissons et de chauffage, l'éclairage ainsi que l'ensemble des installations électriques, les dispositifs de désenfumage et la configuration des locaux.

Pour de plus amples informations à ce sujet, prendre contact avec la Préfecture de police pour Paris ou la mairie pour les autres départements.

III. RESPECT DES RÈGLES D'HYGIÈNE ET DE SALUBRITÉ

Pour toute création, reprise ou transformation d'un restaurant, l'exploitant doit effectuer une déclaration d'ouverture, auprès des services vétérinaires de la préfecture de police pour Paris ou de la mairie pour autres départements, dans le mois qui suit l'ouverture de l'établissement.

En outre, il doit respecter les dispositions de l'arrêté du 9 mai 1995 réglementant l'hygiène des aliments remis directement au consommateur. Cet arrêté indique, notamment, les températures de conservation de certaines denrées alimentaires.

Attention : l'arrêté précité prévoit également, qu'afin d'assurer l'hygiène corporelle et vestimentaire du personnel, les locaux doivent comporter des vestiaires ou des penderies en nombre suffisant ainsi que des lave-mains et cabinets d'aisance équipés d'une cuvette et d'une chasse d'eau raccordés à un système d'évacuation efficace. Les lave-mains doivent être alimentés en eau courante chaude et froide et être équipés de dispositifs adéquats pour le lavage et le séchage hygiéniques des mains. Ces locaux ne doivent pas communiquer directement avec ceux utilisés pour la préparation et la détention des denrées alimentaires.

Par ailleurs, des toilettes comprenant des cabinets d'aisance et des lavabos, à usage exclusif de la clientèle, doivent être prévus. Ces installations ne doivent pas communiquer directement avec la salle à manger ni avec les autres locaux renfermant des aliments. Cependant, dans les établissements offrant moins de 50 places, les installations prévues pour le personnel peuvent également servir à la clientèle. Dans ce cas, les équipements doivent être situés de telle manière que la clientèle ne puisse pas pénétrer dans les locaux de préparation des aliments.

IV. RESPECT DES HORAIRES D'OUVERTURE

Les heures d'ouverture sont fixées par arrêté préfectoral. Pour de plus amples informations, prendre contact avec la préfecture du département du lieu d'implantation du restaurant.

V. INFORMATION DUE AU CONSOMMATEUR

AFFICHAGE DES PRIX

L'arrêté du 27 mars 1987 modifié par l'arrêté du 29 juin 1990 fixe les règles applicables en matière d'affichage des prix dans les établissements servant des repas, denrées ou boissons à consommer sur place.

Remarques :
- dans l'établissement où il est perçu un service, le prix annoncé s'entend taxes et service compris. Les documents affichés ou mis à la disposition de la clientèle doivent comporter la mention « prix service compris » suivie de l'indication, entre parenthèses, du taux pratiqué pour la rémunération de ce service .
- pour les boissons servies à l'occasion des principaux repas, par dérogation aux articles 2 et 3 de l'arrêté précité (voir I. C. <u>Les obligations d'affichage et d'étalage du débitant de boissons</u>), l'affichage peut être remplacé par une carte mise à la disposition de la clientèle et comportant les prix de l'ensemble des prestations offertes. Cette carte peut être un document distinct du menu et, le cas échéant, peut être inscrite de façon lisible au dos du menu.

A. À l'extérieur de l'établissement

Les menus ou cartes du jour ainsi qu'une carte comportant au minimum les prix de cinq vins, ou à défaut les prix des vins s'il en est servi moins de cinq, doivent être affichés de manière visible et lisible de l'extérieur :

- pendant la durée du service ;
- et au moins à partir de 11h30 pour le déjeuner et de 18h pour le dîner.

Dans le cas où certains menus ne sont servis qu'à certaines heures de la journée, cette particularité doit être clairement mentionnée dans le document affiché.

Remarque : les cartes et menus doivent comporter, pour chaque prestation, le prix ainsi que la mention « boisson comprise » ou « boisson non comprise » et, dans tous les cas, indiquer pour les boissons : la nature et la contenance offertes.

Dans les établissements ne servant pas de vin, une carte comportant au minimum la nature des boissons et les prix de cinq boissons couramment servies doit être affichée.

B. À l'intérieur de l'établissement

Des menus et cartes identiques à ceux qui sont affichés à l'extérieur doivent être mis à la disposition de la clientèle.

Remarque : il existe des règles particulières (article 40 règlement CEE n° 2392-89 du 24 juillet 1989) pour établir la carte des vins qui doit comporter des mentions obligatoires ainsi que d'éventuelles mentions complémentaires autorisées pour les vins dits tranquilles, c'est-à-dire non effervescents. Les infractions à cette réglementation sont punies d'une amende de 450 euros (2 250 euros pour les personnes morales). Elles peuvent également être sanctionnées au titre des délits de publicité mensongère et de tromperie.

C. Affichage de la baisse de la TVA

A compter du 1er juillet 2009, chaque restaurateur doit identifier de façon visible et lisible, à l'extérieur et à l'intérieur de son établissement, les produits bénéficiant d'une baisse intégrale de la TVA.

A l'extérieur, il affiche une vitro-phanie "la TVA baisse, les prix aussi". Celle-ci est gracieusement mise à disposition par toutes les organisations signataires du contrat d'avenir avec l'État.

Remarque : la liste et les coordonnées des organisations signataires ainsi qu'une vitro-phanie à imprimer sont disponibles sur le site www.etatsgenerauxdelarestauration.fr

A l'intérieur, la baisse de la TVA doit être indiquée soit par des prix barrés, soit par un astérisque sur les cartes et les menus avec la mention "Ce produit bénéficie de la baisse intégrale de la TVA".

Les agents de la répression des fraudes sont habilités à vérifier la conformité de l'affichage de la baisse des prix par rapport aux engagements annoncés et à sanctionner les établissements dont l'affichage est inexact.

D. Sanctions en cas de défaut d'affichage

Les infractions aux obligations d'affichage sont punies d'une amende contraventionnelle de 1 500 euros (7 500 euros pour les personnes morales).

AFFICHAGE DE L'ORIGINE DES VIANDES
Le décret n° 2002-1465 du 17 décembre 2002 impose aux restaurateurs de porter à la

connaissance de la clientèle l'origine des morceaux de viandes bovines ou de la viande hachée.

A. Contenu de l'information

L'origine est indiquée par l'une ou l'autre des mentions suivantes :

1° « Origine : *(nom du pays)* » lorsque la naissance, l'élevage et l'abattage du bovin dont sont issues les viandes ont eu lieu dans le même pays .
2° « Né et élevé : *(nom du pays de naissance et nom du ou des pays d'élevage)* et abattu : *(nom du pays d'abattage)* » lorsque la naissance, l'élevage et l'abattage ont eu lieu dans des pays différents.

L'information doit être donnée de façon lisible et visible, par affichage, indication sur les cartes et menus ou sur tout autre support.

B. Sanction en cas de défaut d'information

Les infractions aux dispositions ci-dessus sont punies d'une amende contraventionnelle de 450 euros (2 250 euros pour les personnes morales).

VI.RESPECT DE L'INTERDICTION DE FUMER
1. Principe

Depuis le 1er janvier 2008, l'interdiction s'applique dès lors que les lieux sont fermés et couverts, même si la façade est amovible. Il est permis de fumer sur les terrasses, dès lors qu'elles ne sont pas couvertes ou que la façade est ouverte.

2. Mise en place facultative d'un espace fumeur

Les emplacements réservés aux fumeurs sont des salles closes affectées à la consommation de tabac et dans lesquelles aucune prestation de service n'est délivrée, c'est-à-dire :

- qu'aucune tâche d'entretien et de maintenance ne peut y être exécutée sans que l'air ait été renouvelé, en l'absence de tout occupant, pendant au moins une heure ;

- que les fumeurs doivent donc prendre leur consommation avant d'entrer dans le « fumoir » afin de préserver le personnel des risques liés au tabagisme passif.

Les mineurs de moins de seize ans ne peuvent pas accéder à ces emplacements.

Remarque : les articles R. 3511-2 à R. 3511-4 du Code de la santé publique déterminent les conditions auxquelles doivent répondre ces locaux lorsqu'ils sont mis en place.

VII. REGLES A RESPECTER EN CAS D'ANIMATION MUSICALE

L'exploitant qui souhaite diffuser de la musique et/ou des images dans son établissement doit effectuer une demande d'autorisation préalable auprès de la société des auteurs, compositeurs et éditeurs de musique (SACEM). Cette diffusion donne lieu au paiement d'une redevance.

Si l'exploitant diffuse à titre habituel de la musique amplifiée, il est tenu de respecter les dispositions du décret n° 98-1143 du 15 décembre 1998 qui visent à réglementer le niveau de pression acoustique dans le cadre de la lutte contre le bruit.

Pour toutes questions ou informations :
j-e.biocookin@hotmail.fr

Je suis disponible pour tous les sujets qu'aborde le livre. Je vous propose également de vous orienter vers les organismes en relations avec votre demande.

Je souhaite à chacun de réussir son projet, c'est pourquoi je vous propose mes services gracieusement.

« L'homme véritable se doit d'admirer, même lorsqu'ils chutent, ceux qui entreprennent de grands efforts. La noblesse, c'est de se mesurer non aux forces qu'on sent en soi, mais à celles que comporte sa nature, d'essayer de monter au plus haut et de viser à des accomplissements impossibles même aux âmes les plus grandes »

<u>*Sénèque*</u>

Remerciements

Je dédis ce livre à toutes celles et ceux pour qui créer et oser est un défi permanent.

Merci à la vie pour ce qu'elle m'a apporté de bon et qui me sert à avancer chaque jour un peu plus.

Merci à Elodie et à ma famille proche pour ce qu'elle m'apporte.

Merci à la cuisine, source de joie et d'épanouissement !